Regardez les animaux

Par Jenny Katz

Illustrée par Sandy Campbell

Library For All Ltd.

Regardez les animaux

Cette édition a été publiée en 2022

Publié par Library For All Ltd
Email: info@libraryforall.org
URL: libraryforall.org

Library For All tient à remercier tous ceux qui ont rendu possibles les éditions précédentes de ce livre.

AfricanStorybook.org

www.africanstorybook.org

Illustrations originales par Sandy Campbell

Regardez les animaux
Katz, Jenny
ISBN: 978-1-922849-83-0
SKU02862

Regardez les animaux

Regardez les animaux.

La vache dit,
« Meuh. »

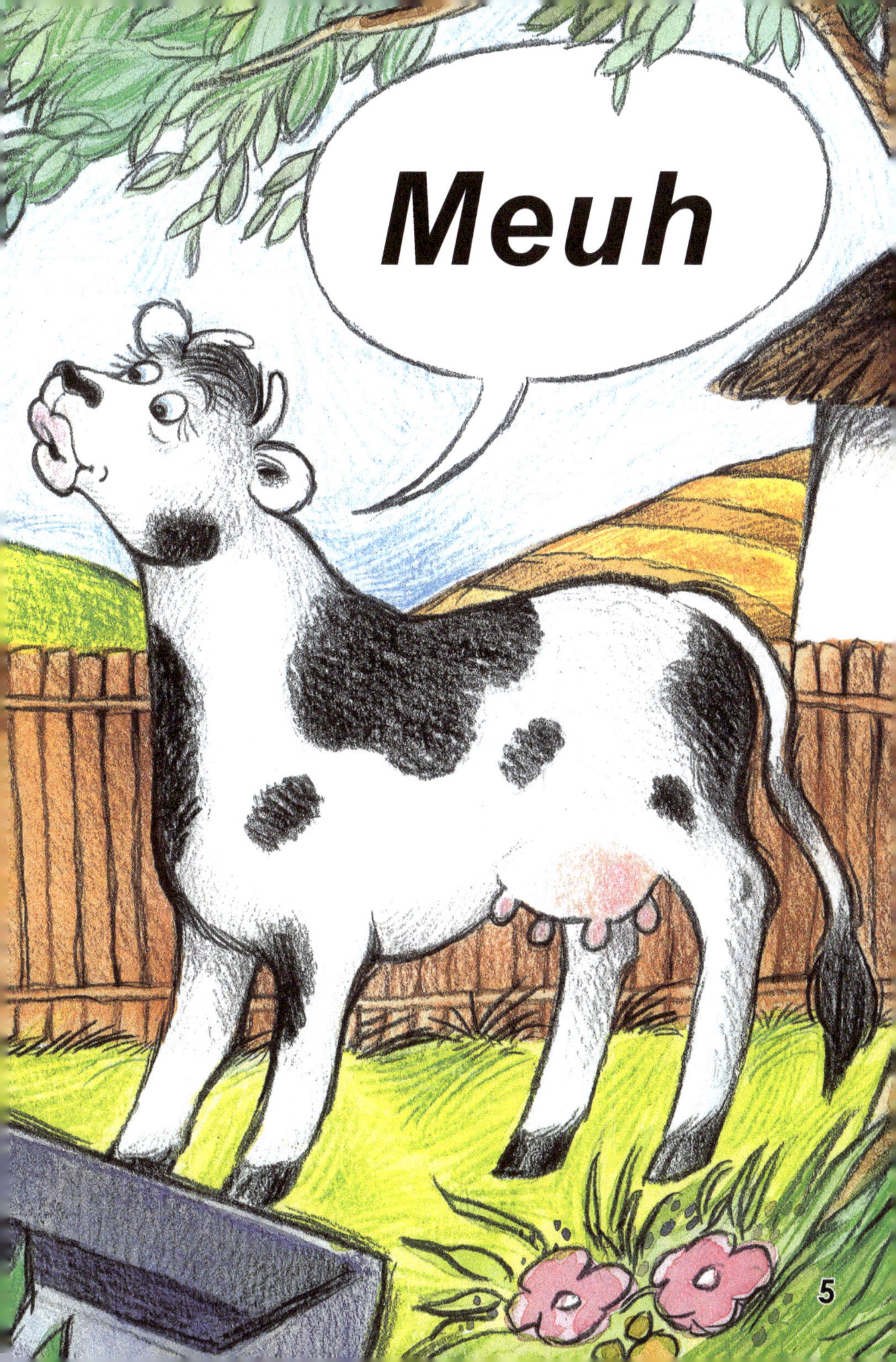
Meuh

La chèvre dit, « Bêê, bêê. »

Le cheval dit, « Hiiii. »

9

Le cochon dit,
« Groin, groin. »

La poule dit, « Cot-cot. »

Le chien dit,
« Wouf. »

Le fermier dit, « Chut ! »

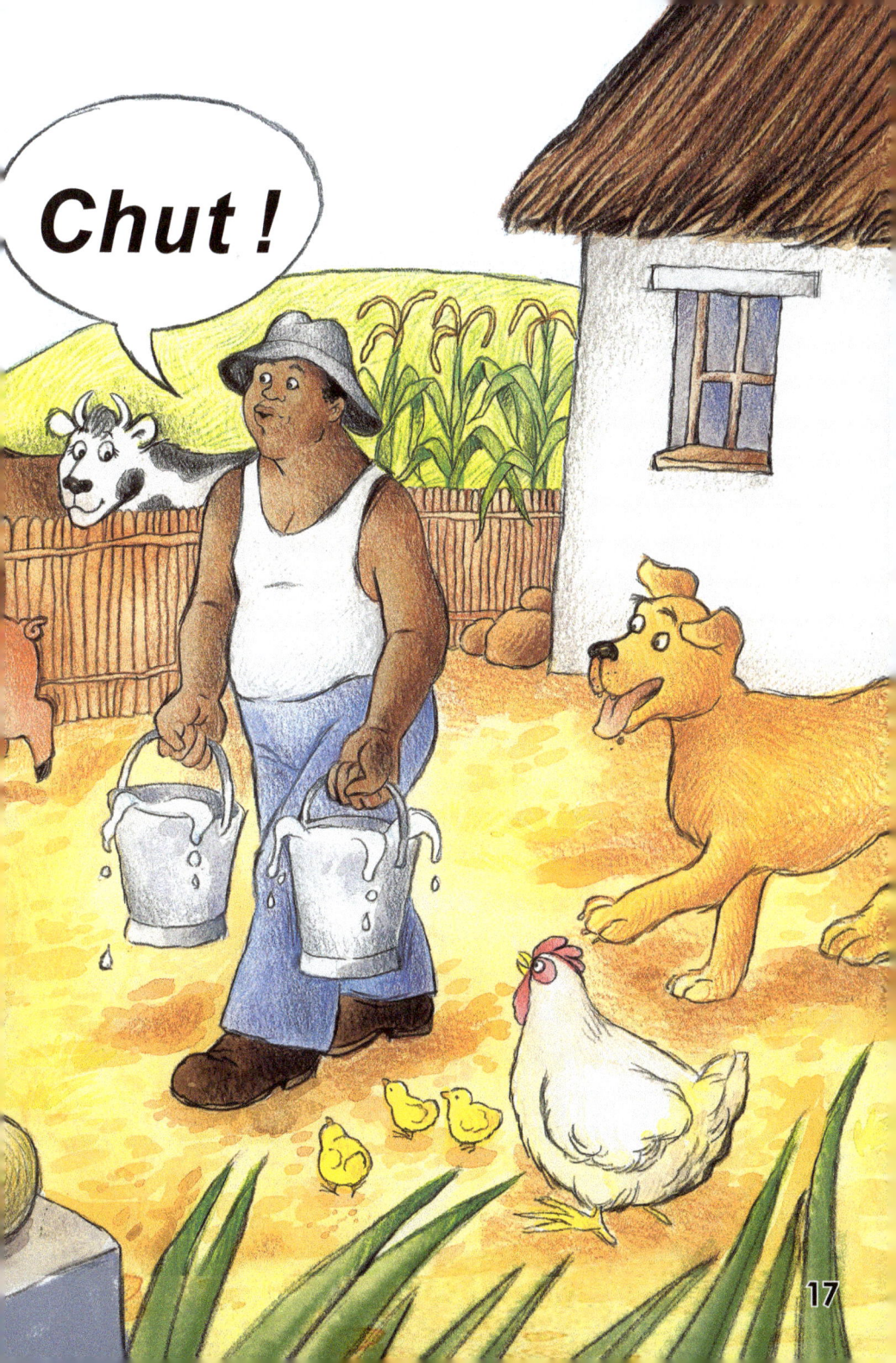

17

Vous pouvez utiliser ces questions pour parler de ce livre avec votre famille, vos amis et vos professeurs.

Qu'avez-vous appris de ce livre ?

Décrivez ce livre en un mot. Drôle ? Effrayant ? Coloré ? Intéressant ?

Qu'avez-vous ressenti à la fin de la lecture de ce livre ?

Quelle a été votre partie préférée de ce livre ?

A propos des contributeurs

Library For All travaille avec des auteurs et des illustrateurs du monde entier pour développer des histoires diverses, pertinentes et de grande qualité pour les jeunes lecteurs.

Visitez libraryforall.org pour obtenir les dernières informations sur les ateliers d'écriture, les directives de soumission et d'autres opportunités créatives.

Avez-vous apprécié ce livre ?

Nous avons des centaines d'autres histoires originales sélectionnées par des experts parmi lesquelles vous pouvez choisir.

Nous travaillons en partenariat avec des auteurs, des éducateurs, des conseillers culturels, des gouvernements et des ONG pour apporter le plaisir de la lecture aux enfants du monde entier.

Le saviez-vous ?

Nous créons un impact mondial dans ces domaines en adhérant aux Objectifs de développement durable des Nations Unies.

librairyforall.org

www.ingramcontent.com/pod-product-compliance
Lightning Source LLC
Chambersburg PA
CBHW040320050426
42452CB00018B/2940